LES DÉFICITS

1852-1868

PARIS. — IMPRIMERIE L. TOUPART-DAVYL, RUE DU BAC, 30.

LES DÉFICITS

1852-1868

PAR

ALLAIN-TARGÉ

PARIS

A. LE CHEVALIER, LIBRAIRE-ÉDITEUR

61, RUE RICHELIEU, 61

1868

LES DÉFICITS

1852-1868

Je suis obligé, dans les premières pages de cet écrit, de citer beaucoup de chiffres. — J'ai voulu décomposer et mettre sous les yeux du lecteur les éléments de mon opinion; j'ai tâché d'être clair et complet, pour être irréfutable.

Tous mes chiffres sont puisés dans des documents officiels. Les budgets et les déclarations de la Cour des comptes : telles sont mes sources.

Je crois l'état de nos finances inquiétant, et je me propose, après avoir constaté la gravité du mal et ses progrès, d'en indiquer les causes et d'en chercher le remède.

I

Le mois de janvier 1868 a vu paraître trois documents financiers désolants :

D'abord l'état comparatif du produit des impôts indirects des années 1866 et 1867. C'est la constatation d'un mécompte de 26 millions, relativement aux prévisions budgétaires du dernier exercice. C'est surtout la marque d'un ralentissement, — qui ne peut être nié, quand on considère les résultats particuliers du dernier trimestre, — dans le progrès de la richesse publique. C'est une menace pour l'avenir de nos finances.

En second lieu, le rapport de M. d'Andelarre sur le budget.

de 1864, revenu de la Cour des Comptes. *Le Moniteur* a beau publier ce travail par lambeaux et dans ses suppléments, en caractères illisibles, il n'empêchera pas l'opinion de le découvrir et de l'analyser. Les révélations et les conclusions de M. d'Andelarre sont tristes. Malgré qu'elle ait dévoré 122 millions de capitaux extraordinaires environ, cette année 1864 présente une insuffisance d'actif de plus de 51 millions. C'est donc un déficit de 173 millions, — que par bonté d'âme M. d'Andelarre veut bien réduire à 102, parce qu'il tient compte de 70 millions de travaux utiles exécutés pendant cet exercice. Mais l'honorable marquis rappelle avec douleur que l'année dernière il analysait, suivant les mêmes règles, le budget de 1863, et qu'il y trouvait déjà un déficit de 74 millions.

Enfin, le journal officiel a livré à nos méditations le rapport si longtemps attendu de M. le ministre des finances. La Bourse, par des raisons tirées de l'état de la place et que les gens de la coulisse expliquent ingénieusement, a répondu par une faible hausse de la rente. Mais l'émotion a dû être profonde dans le pays, si le pays sait encore lire et compter. Que nous apprend M. Magne?

Nous avons une dette flottante de 936 millions. — Sur cette dette, le passif des découverts *antérieurs à* 1866 est de 727 millions. Restaient 209 millions d'actif. Mais à la fin de la session dernière, on se souvient que le gouvernement se fit autoriser à faire face, avec les ressources de la dette flottante, aux 158 millions de crédits supplémentaires qu'il réclamait pour les *dépenses faites* de la transformation de l'armement. Il y a eu depuis une dépense extraordinaire de 15 ou 16 millions au moment de l'expédition romaine de septembre 1867. — Total, 174 millions. A l'heure qu'il est, que reste-t-il donc dans les caisses ou dans le portefeuille de la Trésorerie? Sous le coup de quelle dette exigible sommes-nous? — Nous devons 218 millions aux communes, 180 millions aux caisses d'épargne, 82 millions à la caisse des dépôts et consignations, en compte courant : quelle peut être la *provision*, l'encaisse? Est-ce là une situation prudente? Avons-nous ce qu'on appelle une dette flottante de 900 millions, ou une dette de 1,300 millions; quand il est admis que, pour subvenir aux besoins du service de la Trésorerie, du fonds de roulement et des remboursements d'avance, 400 millions sont nécessaires?

Cependant, M. le ministre trouve que tout sera pour le mieux, si nous avons la sagesse de revenir où nous étions au 1er décembre 1866, c'est-à-dire au découvert de 727 millions, et à une dette flottante qu'on *avouait* alors de 970 millions. Nous allons emprunter : mais ce n'est pas pour changer cet état de choses.

En effet, l'année 1866, grâce à un accroissement du produit des recettes ordinaires, que le ministre qualifie d'*exceptionnel*, et grâce aussi à 59 millions de capitaux extraordinaires qui furent absorbés, l'année 1866 se règlera probablement avec une *faible* insuffisance d'actif. — Mais 1867 ne sera pas si heureux. Malgré ses 22 millions de ressources extraordinaires, le déficit, connu dès aujourd'hui, est de 189 millions. — Ceci n'est rien. — Toutes les ressources extraordinaires, reliquats d'emprunts, indemnités dues par des gouvernements étrangers, vieilles créances à recouvrer, remboursements de prêts faits à des Compagnies ou à l'industrie; capitaux enfin légués par des exercices précédents et qui servaient à boucher, bien ou mal, les trous de nos budgets, tout est épuisé. Le Japon est digéré, la Chine, le Mexique, l'Espagne, tout. Il ne restera plus, en 1869, que la Cochinchine, qui nous doit UN million. Petite épave! Quant aux Compagnies de chemins de fer, le temps où elles versaient, comme en 1852 par exemple, des 60 millions en un an, ce bon temps est passé. Elles ne doivent plus rien : c'est nous qui leur devons au contraire. Les prédécesseurs de M. Magne étaient bien heureux. De 1862 à 1866, ils trouvèrent ainsi 487 millions de supplément pour faire leur équilibre, et cependant l'équilibre ne se faisait pas. Que deviendrons-nous, maintenant qu'il faudra, sur nos vieux jours, vivre seulement de nos revenus? Ce passage du rapport est mélancolique.

Aussi, M. le ministre renonce à l'équilibre, et, dès à présent, il nous prévient que les deux budgets, 1868 et 1869, présentent un déficit normal de 82 millions.

Attendez! il faudra, *en outre*, mettre à la disposition des ministres de la guerre et de la marine, pour la transformation de l'armement, pendant les exercices 1868, 1869 et 1870, une petite somme de 187 millions, pas un rouge liard de moins; et, ajoute le ministre textuellement : *on se ferait certainement illusion, si on espérait qu'avec l'emploi de ces ressources tout sera fini.*

Additionnez. — 187 millions pour l'armement, 189 pour le

déficit de 1867, et encore 82 pour les déficits 1868 et 1869. Total, 458 millions; et *tout ne sera pas fini.*

Nous allons emprunter seulement 440 millions.

Ne nous étonnons pas si l'on nous fait remarquer que les rentes de la caisse de la dotation de l'armée, sur lesquelles le public avait compté pour payer au moins quelque chose du passé, ne sont pas *disponibles.* Non, tout n'est pas fini.

Nous avons d'abord à faire largesse aux réclamations *non fondées en droit,* mais reposant sur des considérations MORALES des prêteurs mexicains et du syndicat des banquiers.

Puis, nous avons à tenir d'autres promesses solennellement faites à tout le monde : nous avons à répandre des bienfaits sur toutes les communes de France, chemins vicinaux, quatrième réseau de chemins de fer, ponts et canaux, etc., etc. Ici le rapport nous ouvre des horizons d'une profondeur vertigineuse. C'es l'emprunt à perte de vue. — L'emprunt sous forme d'annuités. Voilà le plan de M. Magne. Les communes emprunteront à l'État, qui s'engagera lui-même afin de leur prêter. L'imagination voit pousser sur les budgets futurs des forêts d'annuités touffues et séculaires. — Non! non!

Avant que le découvert normal du Trésor ne soit définitivement fixé à 727 millions; au moment de voter cet emprunt de 440 millions; avant de sacrifier ce qui sera bientôt libre de la caisse de la dotation de l'armée pour dorer d'un dernier reflet métallique un prochain budget des ressources extraordinaires, — car chacun prévoit que cela doit finir ainsi ; — avant d'inscrire au budget des travaux publics (on ferait mieux de les inscrire au grand livre de la dette fondée) des dizaines et dizaines de millions à payer pendant 93 ANS pour satisfaire un certain nombre de cantons et de chefs-lieux; avant qu'on nous condamne à racheter les numéros non sortis du tirage de la loterie mexicaine, nous, qu'on a traités pendant cinq ans de mauvais patriotes, parce que nous refusions d'admirer les *génies* et les *apôtres* du Pan-latinisme ; avant qu'on ne prenne sur l'épargne et le salaire des paysans et des ouvriers de quoi désintéresser des joueurs plus ou moins dupés; — examinons de près la situation exacte de nos finances, et fouillons dans tous les coins du budget. Cherchons s'il n'y a rien à élaguer des dépenses ; si le parasitisme et le luxe inutile ne s'y font pas une trop grosse part; si enfin une politique radicalement libérale et démocratique, hardiment pratiquée, ne nous dispenserait pas de léguer à nos descendants des dettes grossissant d'année en année, et de nous décharger sur eux du prix et du fardeau trop lourd de notre vie quotidienne.

II

En tête de tous les budgets des dépenses, on lit un chiffre supérieur à tous les autres chiffres alignés au-dessous de lui : c'est celui de la dette publique et des dotations. C'est la rente improductive qu'il faut prélever chaque année sur le total des ressources de la France, avant de consacrer un centime aux besoins de l'État. — Elle a été, depuis quinze ans, augmentée comme on le voit par le tableau suivant :

1852		**1868**	
Dette consolidée (situation au 1er janvier 1853, après la réduction des rentes 5 0/0)....	208,830,468	Dette consolidée................	340,866,408
Capitaux remboursables à divers titres......................	41,662,960	Capitaux remboursables.........	35,309,336
		Capitaux remboursables portés au passif de la caisse d'amortissement.....................	12,538,021
Dette viagère................	58,458,849	Dette viagère................	88,457,639
Dotations...................	16.458,701	Dotations....................	48,246,280
	325,390,978		525,417,684
Différence....	200,026,706		

A cette somme il serait juste d'ajouter l'intérêt de 440 millions de l'emprunt annoncé, 20 millions; plus 18 millions d'annuités votées pour 93 ans et payables encore pendant 90 ans aux compagnies de chemins de fer; plus une trentaine de millions de garanties d'intérêts payables aux mêmes compagnies.

Ainsi les engagements annuels de la France, qui sont indépendants du vote et du contrôle des représentants élus du pays, s'élèvent à 593 millions et quelque chose. Soit 268 millions de plus qu'en 1852. — Voilà ce qu'il faut prendre tous les ans sur le meilleur de l'impôt pour acquitter les charges léguées par le passé : 593 millions, sur lesquels 525, — et l'emprunt une fois voté, on pourra dire 545, — ne procurent aucune autre satisfaction que celle de la conscience, celle de faire honneur aux obligations contractées jadis par des hommes que nous ne connaissons plus, pour des causes oubliées ; — 545 millions enfin dont nos prédécesseurs ont réglé l'emploi sans nous consulter, en nous transmettant seulement l'ordre d'en servir exactement la rente ou d'en reconstituer peu à peu le capital sur nos épargnes.

Si les années futures ressemblent aux seize années dernières, on peut calculer que, dans trente ans, nous laisserons à nos descendants un milliard d'arrérages à fournir ainsi. Il faudra leur avoir construit bien des chemins de fer et tracé bien des chemins vicinaux, et les leur laisser en bien bon état et bien à leur convenance, pour qu'ils nous soient reconnaissants.

Un milliard, c'est 333 millions de journées de travail à trois francs les douze heures.

Pendant cette période de quinze ans, le gouvernement a pu appliquer à ses besoins des sommes considérables d'origines diverses, en dehors du revenu ordinaire et des emprunts.

Des portions notables de biens domaniaux ont été aliénées, des caisses spéciales et bien remplies ont été annexées, des remboursements d'avances faites à l'industrie et au commerce ont été touchées, — nous avons déjà dit qu'en une seule année (1852), le gouvernement avait reçu 58 millions des compagnies de chemins de fer et 15 millions pour la vente de portions de forêts, — des indemnités de guerre ont été palpées, des créances sur des États voisins ont été amorties et le capital en a été encaissé, d'ingénieuses combinaisons financières, comme la conversion des rentes, — qui, en augmentant d'un milliard le capital de notre dette, nous a rendu la réduction régulière impossible et le rachat très-onéreux, d'autant plus onéreux que notre crédit sera plus solide et le taux de l'intérêt plus faible, — des opérations pareilles ont fait entrer au trésor une certaine quantité de millions. — Tout cela n'a servi qu'à mal cacher les déficits béants de quelques vieux budgets.

Le découvert de la dette flottante, qui était au 31 décembre 1852 de 491 millions, doit aujourd'hui, après l'emprunt, rester fixé, nous dit le ministre, à 727 millions : c'est un capital de

236 millions de plus dont notre passif a été grevé : et, il n'est pas possible de trop le répéter, une telle situation, qui suppose une dette flottante de 1,100 millions, est dangereuse ; car, si la dette fondée est le fardeau immuablement insupportable qui gêne notre liberté financière et qui écrase les contribuables, la dette flottante peut être dans les instants de crise la cause immédiate d'un grand embarras, parfois d'une catastrophe.

D'un autre côté, si l'on compare le chiffre des revenus ordinaires de la France en 1852 et celui de 1868, tel qu'il est annoncé par le rapport même de M. Magne, on trouve un accroissement de 680 millions, qui a mis à la disposition du second empire des ressources telles que les gouvernements antérieurs n'en avaient jamais vu (1).

680 millions ! telle est en quinze ans la différence du point de départ au point d'arrivée. Au premier miroitement de ce chiffre éblouissant, on est tenté de s'écrier : Nous sommes donc devenus bien riches ! — Et cependant, pendant ces seize années, nous avons augmenté la somme des engagements annuels du trésor, les intérêts de la dette, de la dotation ou des annuités à servir de 268 millions ; notre dette flottante s'est gonflée de 236 millions. De tant de capitaux qui ont été versés dans la caisse de l'extraordinaire, il ne reste plus que le million cochinchinois, solitaire et désolé, et nous allons emprunter 440 millions pour couvrir les déficits de l'exercice qui finit, de l'exercice qui commence et du budget qu'on va voter.

Il y a là un mystère qu'il faut approfondir.

(1) Les recettes ordinaires de 1852, en y comprenant les revenus des colonies, s'élevaient à peu près à 1,342,000.

Les recettes ordinaires de 1868 sont évaluées par le rapport de M. Magne à 1,698,000, auxquelles il faut ajouter 259 millions de budget spécial (départements et communes) et 65 millions, produits des forêts, de l'impôt sur les chemins de fer et autres recettes qui forment l'actif de la caisse d'amortissement. — Total : *deux milliards vingt-deux* millions. — Augmentation depuis 1852, 680 millions !

III

Donnons aux mots leur sens vrai et non ceux qu'on leur prête dans la langue des financiers. — Appelons *Ressources ordinaires* celles dont l'origine est telle qu'on est sûr de les retrouver chaque année, et *Dépenses ordinaires*, non pas seulement celles inscrites dans un gros volume bleu intitulé *Budget ordinaire*, mais toutes celles qui ne pourraient être rayées des demandes de crédits des ministères sans une réforme des services publics, toutes celles en un mot pour lesquelles il est certain qu'il faudra se procurer de l'argent. Il importe peu qu'elles soient mises à part, dans un autre volume bleu plus petit, sous la rubrique de *Budget extraordinaire*. Pour nous, qui n'avons rien à dissimuler et qui donnons aux vocables leur signification populaire, afin de nous faire comprendre, nous sommes bien forcés de faire entrer ces dépenses dans nos calculs.

Disons encore qu'un budget est *en équilibre* lorsque les véritables dépenses ordinaires sont complétement payées avec les ressources ordinaires, et qu'il reste de plus quelques millions pour l'imprévu, qui, dans un grand État, réclame chaque année quelque supplément. Ne demandons rien pour l'amortissement, la chose n'étant pas de notre époque ; mais n'acceptons pas qu'on nomme *budget en équilibre* celui où des dépenses destinées à reparaître dans tous les budgets sont soldées par une indemnité de guerre ou par un reliquat d'emprunt.

Comparant ainsi le revenu normal aux dépenses normales de tous les exercices depuis quinze ans, — posant ainsi la question, — il faut dire que de 1852 à 1868 tous nos budgets ont été en déficit. L'équilibre est une illusion. Tous les tableaux officiels qui ont l'air d'établir le contraire sont des jeux de chiffres et de mots.

On saisit bien ma pensée. Je ne prétends pas seulement qu'il y a eu déficit : la chose est trop claire. — Mettant de côté toutes les dépenses exceptionnelles, grandes guerres, grands travaux, expéditions lointaines, qui nous ont conduits à l'emprunt ou à l'absorption de nos capitaux, supposant que toutes ces causes de trouble de nos finances n'aient pas existé, — je dis que nos ressources naturelles n'ont jamais couvert nos dépenses courantes. Le déficit est encore la règle. Voici la preuve.

Partons de 1852. — Prenons les chiffres vérifiés par la Cour des comptes. Cet exercice 1852 avait à son actif, par le produit de l'impôt ou par son revenu ordinaire, une somme de treize cent quarante-deux millions.

La dépense fut, — en y comprenant le service colonial, — de quinze cent sept millions. Mais de ce total il faut retrancher :

1° Quatre-vingt-dix millions du chapitre de la dette : ceci représente le résultat de la réduction des rentes 5 p. 100, qui, on l'a vu plus haut, ramena la dette consolidée à 208,830,468 fr., au 31 décembre 1852 ; — et, de plus, les réserves et la dotation de l'amortissement qu'on se donnait, en ce temps, la peine de porter au budget en recette et en dépense.

2° Cinq millions, du ministère d'État : travaux du Louvre et des Tuileries, réellement extraordinaires, en 1852.

3° Six millions pour indemnités aux propriétaires lésés par la révolution de février, et pour frais des arrestations qui suivirent le 2 décembre : dépenses extraordinaires. — De même 4 millions du ministère de la police, nécessaires, paraît-il, au moment de la fondation de l'Empire, mais dépenses extraordinaires.

4° 20 millions du budget des travaux publics, qui consacrait 44 millions à la construction des chemins de fer. En cette année 1852, le gouvernement recevait 58 millions de remboursements, de diverses compagnies, pour des prêts antérieurs. — Depuis, l'État n'intervient plus guère dans les constructions de chemins de fer que par des garanties d'intérêts, couvertes par un impôt spécial, ou bien il intervient par des versements d'annuités qui s'élèvent aujourd'hui à 30 millions à peu près. — Laisser 24 millions seulement au budget de 1852 comme dépense ordinaire paraît donc raisonnable.

Ces déductions étant faites, les dépenses ordinaires de 1852 s'élevaient à 1382 millions, en face de 1342 millions de recettes normales. — Déficit 40 millions.

Tel est le premier budget du second Empire. Si l'on analyse ainsi tous les budgets qui ont suivi, on arrivera à des constata-

tions analogues. Mais prenons simplement le dernier budget rectifié de 1868.

En présence de ces 2 milliards 22 millions de recettes, que trou-
vons-nous ? — d'abord, 1596 millions, ayant le caractère ordinaire, déclarés et avoués, — plus 259 millions (budget spécial),
— plus 43 millions portés au passif de la caisse d'amortissement.
Voilà donc 1898 millions absolument ordinaires. — Maintenant,
ouvrez le petit budget intitulé *extraordinaire*. De quoi se com-
pose-t-il ?

Ministère de la justice et des cultes, — 5,300,000 fr., — qui
s'ajoutent aux 44,374,386 fr. du budget des cultes. Mais ces
5,300,000 fr. étaient inscrits déjà sur le budget de 1867. Mais on
ne parle pas de supprimer, mais d'augmenter en 1869. Mais,
en 1864, je trouve déjà pour cet objet 4 millions à la dépense
extraordinaire. D'exercice en exercice, depuis 1852, la mu-
nificence de l'État s'est montrée de plus en plus favorable aux
églises, presbytères et palais épiscopaux. Ne supposons pas
qu'après la seconde expédition romaine on soit moins généreux
dans l'avenir. Le concours du clergé est trop précieux pour qu'on
lui marchande ce qu'il demande : bien plutôt, en temps d'élection surtout, voit-on les préfets et sous-préfets s'ingénier à devi-
ner ce qui pourrait lui plaire et le solliciter d'accepter. — Le
budget des cultes est donc bien définitivement et *ordinairement* de
53,674,386 fr., — soit 12 millions d'augmentation relativement
à 1862.

Ministère de l'intérieur, — 4,808,000 fr. — Le petit livre bleu
extraordinaire de 1867 inscrivait 4,358,000. — En 1864 déjà, on
dépensait à l'extraordinaire 4,285,000. — Est-ce assez régulier?
— Ces 4 ou 5 millions sont destinés aux constructions et répa-
rations des innombrables bâtiments affectés, sur le territoire de
l'empire, au service de l'administration. — C'est une dépense de
tous les ans. Puis c'est la subvention de cette entreprise des chemins vicinaux, célébrée dans la lettre impériale du dernier
15 août. — Entre nous, si l'on devait s'en tenir à cette maigre
subvention, on ne hâterait guère l'exécution d'une idée solennellement produite en une solennelle occasion.

Ministère des finances, — 4,225,000. — Un million de plus qu'au
budget extraordinaire de 1867 ; — 500,000 fr. de plus qu'on ne
dépensait déjà à l'extraordinaire de 1864. — Fonds destinés aux

frais de la refonte des monnaies, à des constructions de bâtiments de l'immense administration des finances, bâtiments nécessaires à l'exploitation des monopoles de l'État. — Quand les frais de perception se sont élevés de 84 millions en quinze ans, suppose-t-on qu'il n'y ait pas tous les ans à remuer quelques moellons, à bâtir et à réparer? — Puis un supplément de la dotation de la Légion d'honneur! est-ce là de l'extraordinaire? Sommes-nous sur le point de voir se restreindre le nombre des promotions? — Du reste, en 1869, on nous demandera 2 millions de plus pour les pensions. Ainsi, ces 4,225,000 fr. sont tout à fait d'habitude.

Ministère de la guerre, — 15 millions. — Le budget de la guerre pour 1868 avait été présenté avec un ordinaire de 348 millions, parce que 1868 est une année bissextile. On voit que les calculs des rédacteurs du budget prévoyaient tout minutieusement. On inscrivait de plus à l'extraordinaire ces 15 millions. — Total 363 millions. — Le budget rectificatif réclame une augmentation de 50 millions et quelque chose : sur ces 50 millions, on ne porte la garde nationale, qui habituellement coûtera 10 millions, suivant les calculs de M. le maréchal Niel, que pour 6 millions. Cela se comprend pour cette année, et d'ailleurs donne raison à ceux qui, comme nous, s'obstinaient l'année dernière et s'obstinent encore, cette année, à croire à la paix. — Pour 1869, on nous annonce une augmentation de la solde des officiers de 5,504,000. — On reconnait, en outre, que, sur les 15 millions *d'extraordinaire*, plus de 6 millions sont si bien de l'ordinaire, qu'on les inscrira désormais au gros budget. — Ce n'est pas tout : 130 millions de dépenses extraordinaires doivent être répartis sur les trois exercices 1868, 1869 et 1870, afin de transformer l'armement et de fortifier nos places de guerre : *après quoi, ce serait une illusion de croire que tout sera fini.* — — Voilà la situation. En admettant la paix, et la paix *non troublée* par des menaces de guerre; en admettant que la fameuse conférence qui doit régler la question romaine et nous permettre d'évacuer les États pontificaux, va, pendant le mois de février courant, reparaître à l'horizon, se réunir par enchantement et s'entendre pour imposer son arrêt au saint-père et à l'Italie; en admettant que notre seconde occupation n'est pas faite pour durer autant que la première, et que nous ne sommes point en face d'une difficulté insoluble et par conséquent d'une dépense permanente et ordinaire; en portant au compte de 1868 un tiers seulement des 130 millions précités : — voyons! sur les 457 millions à peu près qui seront employés, cette année, par M. le ministre de la guerre, quelle somme devrait être considérée comme habituelle, comme conséquence normale de la réorganisation militaire? quelle somme, dans trois ans, en 1871, *quand tout ne sera pas fini*, devra être rayée, tandis que le surplus sera transporté définitivement au budget ordinaire? Je ne puis le dire : mais il est bien certain que ces 15 millions du petit livre bleu sont déjà englobés dans le gros livre; et, en songeant que le département de la guerre ne s'est jamais passé et ne peut se passer d'un budget de l'imprévu, de crédits extraordinaires, et rectificatifs et complémentaires, — sans parler des bills d'imdemnité, qui viennent après coup, — je crois qu'il est prudent de nous accoutumer à considérer comme acquise au budget régulier une vingtaine de ces millions, qui seront demandés prochainement, après le vote de l'emprunt. Ces 20 millions se reproduiront certainement chaque année, et seront suivis de quelques autres encore dès que la garde nationale mobile sera tout à fait constituée et que les contingents futurs auront versé un effectif réel de 400,000 hommes présents sous le drapeau. C'est l'évidence.

Gouvernement de l'Algérie, — 5 millions. — Il y a là dessus 4,600,000 fr. d'annuités à servir ! Cela peut-il être regardé comme de l'extraordinaire. — Du reste, exactement le même chiffre en 1867 et en 1868. — C'était déjà celui de 1864. Tous les ans, on inscrit 14 millions au budget ordinaire de l'Algérie, 5 millions au petit budget. Il serait plus simple de faire un total.

Ministère de la marine et des colonies, — 15 millions. — Sur quoi 8 millions sont si bien des dépenses ordinaires, qu'en 1869 on les placera au budget ordinaire, nous dit le rapport de M. Magne. Restent 6 millions pour la transformation de la flotte. Il ne s'agit pas ici d'une transformation de fusils (ancien système) en fusils Chassepot, qui, une fois exécutée moyennant quelques centaines de millions, peut être considérée comme définitive. Les progrès de la science font à la marine une dure condition. Chaque année voit apparaître des inventions nouvelles; et il en est de la coquetterie des amirautés comme de celle des femmes. Il faut se tenir au courant de la mode. D'ailleurs les nouveaux et coûteux navires cuirassés, semblables à toutes les belles choses, ont la vie chère tant qu'ils vivent; mais leur beauté dure peu. L'océan, qui faisait bon ménage avec le bois, dévore le fer. Un navire à voiles naviguait vingt ans ; après dix ou douze ans, un *monitor* est hors de service. Le poids de son armure l'use et l'écrase. — Aussi M. Magne nous annonce qu'il demande un supplément de près de 3 millions au budget ordinaire, qui était déjà de 148. De plus, il demandera pour les trois années 1868, 1869 et 1870. 56 millions de supplément. Du reste, l'armée de mer est augmentée comme l'armée de terre par la loi nouvelle. Ce n'est pas pour rien sans doute. L'amiral, ministre de la marine, a beaucoup insisté dans la discussion, afin qu'on lui laissât les vingt-quatre mille hommes de supplément que le maréchal ministre de la guerre voulait lui prendre. En 1852, la marine et les colonies dépensaient environ 100 millions. Nous sommes en 1868 à 165 millions, plus les 56 millions à distribuer en trois ans, En 1864, on dépensait 217 millions. Que dépensera-t-on désormais? Ne faut-il pas considérer comme réguliers et ordinaires non-seulement les 15 millions du petit budget, mais 15 autres millions? Cela me paraît un minimum.

Instruction publique, — 1,535,000 fr. — C'était le chiffre de 1867. 1,100,000 fr. représentent la part de l'État dans les bienfaits de la loi sur l'instruction primaire, dont il a été tant parlé et reparlé dans les journaux officieux et les harangues officielles. Sans doute, on ne fera pas de folies pour l'instruction primaire. Le grand maître de l'université consomme plus de circulaires que de crédits. Ce n'est pas sa faute; mais dès qu'on arrive à son petit budget, la commission et les financiers s'assombrissent. On entonne un hymne à l'économie. Jusque-là tout allait à merveille : les temps étaient prospères, les caisses étaient pleines. Mais voici le tour de l'enseignement du peuple. Prenons garde ! ne parlons plus de millions et de milliards, mais de sous et deniers. C'est avec un profond regret, messieurs, que nous nous opposons aux entraînements de votre cœur généreux! Mais en présence de la dette qui grossit, des dotations qui s'enflent, des expéditions militaires qu'on prépare, des palais que l'on construit, nous devons résister à notre élan... Cependant on peut croire que cette *extraordinaire* aumône de 1,100,000 francs est définitivement acquise aux budgets de M. Duruy.

Travaux publics, — 70 millions. — En 1867, le petit livre bleu portait 72 millions; en 1866, 69 millions. — En 1864, le budget rectificatif demandait 62 millions; mais l'année était celle de nos triomphes au Mexique, particulièrement désastreuse pour nos finances. — Il y a sur ce budget 18 millions d'annuités que nous avons à payer pendant quatre-vingt-dix ans, et l'on transporte de pareils services au budget extraordinaire! Qu'est-ce donc que l'extraordinaire? — Un de mes amis soutient que les ministres, quand ils aperçoivent un besoin nouveau, commencent par demander un crédit au budget rectificatif, comme crédit exceptionnel. Puis, après deux ou trois ans, ils le transportent au budget extraordinaire, où il séjourne pendant cinq ou six ans; après quoi, il fait place à un autre retour du *Rectificatif*, et va définitivement s'absorber dans l'*ordinaire*. — Ainsi le ministre de la Trésorerie offre des budgets en équilibre et même des excédants de recettes aux premiers votes du Corps législatif. — Quoi qu'il en soit, ces 70 millions représentent les annuités ou la subvention annuelle du gouvernement pour des travaux dont l'exécution doit coûter 1 milliard 200 millions, et dont il reste à faire et à payer 660 millions au 1ᵉʳ janvier 1868. — M. Magne annonce que ces 70 millions se retrouveront au budget de 1869 : il est vrai qu'il prépare un plan pour transformer en annuités de quatre-vingt-dix ans une partie des dépenses de l'avenir. Nous en parlerons plus loin. Mais, grâce à Dieu, ce plan du désespoir n'est pas encore accepté; et en l'état actuel, il faut dire, qu'à moins de s'arrêter dans la politique des travaux gigantesques entrepris et subventionnés par l'État, à moins de se dégager des promesses qui ont été prodiguées en mille et mille occasions, le budget extraordinaire de 70 millions est régulier, normal, nécessaire et ordinaire.

Ministère de la Maison, — 8,100,000. — On les demandait en 1867. On les dépensait déjà en 1864. On commençait à les demander en 1852, ces 8 millions! C'était, il est vrai, le budget extraordinaire du ministre d'État, dont le portefeuille n'avait pas été *vidé*, suivant l'expression élégante de M. Rouher, pour permettre à celui-ci de se présenter devant le Corps législatif. — C'était alors le ministre d'État qui réclamait 5 millions pour le Louvre et les Tuileries. — Le Louvre est fini, mais les Tuileries commencent. De tous les départements, le *ministère de la Maison* est celui qui a le mieux prospéré depuis quinze ans. De rien le voici à 20 millions. Je ne suppose pas qu'on soit tenté de le réduire. Il est particulièrement chargé des menus frais de l'éclat du Pouvoir. Diminuer, ce serait obscurcir. Il est tout entier de notre ordinaire.

Voilà !

Voilà tout près de 164 millions qui sont portés à l'extraordinaire ou qui seront portés aux crédits supplémentaires après le vote de l'emprunt ; 164 millions de dépenses normales, habituelles, inévitables, destinées à se reproduire dans les temps les plus calmes, si l'on veut conserver l'organisation actuelle de nos services publics et ne pas s'écarter de la politique suivie jusqu'à ce jour. — Or, 164 et 1898, que nous avions déjà, pour le budget ordinaire rectifié et ses annexes ; total des dépenses ordinaires, 2 milliards 62 millions, en face de 2 milliards 22 millions de recettes. Déficit, 40 millions.

Nous étions partis du budget de 1852 en déficit forcé, nous nous retrouvons devant un déficit forcé seize ans plus tard.

Remarquons-le : il s'agit non d'un budget ayant une caisse d'amortissement, non d'un budget plus ou moins entamé par des circonstances accidentelles. Les grandes dépenses de la transformation de l'armement, celles que M. le ministre prévoit en 1868 pour secourir les misères d'un hiver rigoureux, pour venir en aide à une crise industrielle et commerciale désastreuse ; celles qui seraient le résultat d'un trouble européen, de la simple introduction dans la diplomatie de la question d'Orient ; toutes ces dépenses ont été soigneusement écartées par nous. Évidemment le déficit, si nous n'avions pas d'emprunt, serait très-supérieur à 40 millions, et on dévorera en 1868 des capitaux que l'on empruntera, pour une somme de beaucoup plus considérable. Nous avons comparé l'ordinaire à l'ordinaire, sans même demander un centime pour l'imprévu, pour l'occupation romaine : et sans même nous occuper des intérêts du futur emprunt plus que ne l'a fait M. Magne par exemple. Le résultat, c'est le déficit.

Quel remède ? — Le produit des impôts augmentera, nous dit-on.

IV

Nous venons de constater des faits. Il en faut maintenant rechercher les lois et les causes.

Le produit des impôts s'accroît. — Pourquoi et comment?

Cet accroissement n'est pas régulier, du moins pour les contributions indirectes qui en sont le principal affluent. Compter qu'une augmentation de 50 millions sur ces impôts, parce qu'elle s'est produite en 1865, peut être inscrite et doublée au budget de 1867, c'est s'exposer à des mécomptes. C'est l'histoire des 26 millions qui ont manqué en 1867 à l'appel de M. le ministre des finances.

D'un autre côté, faire une moyenne, et dire : les revenus de la France s'étant accrus de 680 millions en seize années, s'accroissent et s'accroîtront de 42 millions par an, ne serait pas plus raisonnable. D'abord, l'assiette des impôts a été changée : on a ouvert plusieurs sources de revenus depuis 1852 : on en a rétréci ou fermé quelques-unes. Or, quand on parle de l'accroissement des impôts, on entend que leur tarif et leur proportionnalité n'ont pas été modifiés. C'est cet accroissement-là qui rassure et à propos duquel on a osé dire ce mot, gros de chimères et d'aventures : « La France est inépuisable! »

L'accroissement des impôts ainsi défini n'a jamais qu'une cause, l'enrichissement du pays. — Pour étudier la loi de l'accroissement des impôts en France, à l'heure actuelle et dans l'avenir, il est donc indispensable d'examiner d'où est venue notre prospérité matérielle et de rechercher si cette prospérité doit s'arrêter ou grandir encore.

Le dix-neuvième siècle est partout un siècle inventeur, producteur, industriel : c'est un temps où l'on devient riche. Les découvertes de la science; les applications de la vapeur; la division de la propriété foncière et la destruction des entraves féodales, ces deux conséquences de la Révolution; les habitudes égalitaires et démocratiques d'où les travailleurs, ouvriers et paysans, prennent

avec le sentiment du droit et de la dignité un courage, une éner-
gie, un entrain inconnus aux sujets et vassaux des États gou-
vernés par le Droit Divin ; d'autres causes accessoires, que je ne
puis énumérer ici, ont amené chez nous un développement rapide
de l'activité et du bien-être. Certes, nous avons tous les jours
sous les yeux de cruelles souffrances : la misère n'a pas disparu.
Il nous reste trop d'ignorance et trop de vestiges de notre passé
autoritaire et oligarchique. Mais la misère a reculé. A mesure
que les idées égalitaires ont fait leur chemin dans les intelligences
et dans les institutions, la fortune a répandu ses dons sur nous.
Un démenti éclatant a été donné aux prétendus conservateurs qui
prédisaient que le triomphe de la Révolution française et l'éman-
cipation des peuples seraient la ruine des États. Au moment où
nous approchions du suffrage universel, où il prenait possession
de la souveraineté, la France s'enrichissait, en vertu de ce principe qui veut que les démocraties libres s'enrichissent au milieu
des orages et des agitations apparentes, tandis que les nations
courbées sous le sceptre de l'absolutisme s'appauvrissent par les
splendeurs mêmes et les pompes officielles.

Je parle ici d'un fait beaucoup trop méconnu. L'histoire, —
quand elle ne peut être librement écrite, — est injuste et men-
teuse autant qu'adulatrice. Il est très-vrai que l'année 1848 fut un
mauvais instant à passer pour le commerce et l'industrie. Toutes
les révolutions, — même celles qui deviennent ensuite le point
de départ d'un grand élan vers les conquêtes pacifiques et lucratives, — troublent les intérêts, provisoirement. C'est pour cela
que les intérêts soutiennent parfois des gouvernements qu'ils mé-
prisent et qu'ils redoutent, et dont la chute semble inévitable,
comme un négociant qui sombre repousse jusqu'à la dernière
heure la crise suprême et le dépôt du bilan. La Révolution
de 1848 eut donc le sort de toutes les autres. Les mois qui la suivirent furent très-difficiles : elle venait, d'ailleurs, après 1847
(1847 est l'année des 4,700 faillites, l'année où commençait la
liquidation d'une foule de très-mauvaises affaires engendrées
depuis 1840 par les spéculations sur les actions de chemins de
fer). Cependant, dès le second semestre de 1849, tout était ré-
paré. En 1850, en 1851, la production fut énorme et ne put suf-
fire à l'affluence des demandes. On vit un essor industriel bien
plus puissant et plus hardi que celui de la période de Juillet.

C'est véritablement de cette époque que datent le grand mouvement commercial, agricole, le progrès décisif de la richesse publique qui devait amener l'accroissement du produit des impôts.

Je sais qu'en constatant ceci, j'étonnerai bien des esprits excellents, qui, sur ces années républicaines, ont d'autres préjugés, d'autres traditions. Mais interrogez le souvenir des hommes qui faisaient partie alors de l'industrie : parcourez les tableaux, les statistiques du temps; et la vérité vous convaincra malgré vous. Voyez de 1847 à 1850, par exemple, les exportations de notre commerce général s'élever de 1,200 à 1,600 millions; le nombre des patentes s'accroître de 80,000; le chiffre des sociétés commerciales passer de 2,600 à 3,300. — Pénétrez dans ces détails arides, mais où est la certitude, vous vous heurterez à l'évidence. Ne jugeons pas les événements contemporains au point de vue de la Bourse du soir et de la liquidation fin courant : n'attribuons pas à des causes accidentelles une vertu qu'elles n'ont pas. Ne faisons pas honneur à des hasards d'un éclat et d'une prospérité qui appartiennent à la collaboration de tout le monde. Ces erreurs sont dangereuses. Que les intérêts soient prudents et courent après la fortune, rien de mieux. Mais qu'ils la cherchent où elle est : qu'ils soient intelligents et non pas chimériques à rebours. L'enrichissement de la France, — j'en avertis donc les intérêts, — coïncide exactement avec l'avénement de la démocratie et de la liberté. Le gouvernement du suffrage universel libre, loin de nuire, a aidé, poussé à la roue d'un puissant effort. 1852 a hérité de 1850 et de 1851.

Depuis on a beaucoup produit, consommé; le bien-être s'est répandu; l'impôt a beaucoup rendu. Cette prospérité est-elle durable ou menacée?

Nous avons chez nous une telle légion de gens de cœur et d'esprit, de génies aventureux, d'ouvriers énergiques et habiles, de paysans opiniâtres et laborieux, que l'œuvre du travail et de la science ne peut pas être arrêtée. D'ailleurs, la France est robuste. Rien ne la blesse mortellement.

Seulement, il arrive quelquefois que, sans reculer, le progrès se ralentit; que sans se ruiner on subit de grosses pertes; — et puisque nous en sommes à l'accroissement du produit des impôts, qu'on a des mécomptes, comme en 1867, l'année même de son Exposition universelle et de sa fête de la richesse.

A la longue, cela peut créer un embarras, déterminer une crise. Voilà tout : c'est l'affaire d'un quart de génération.

Eh bien ! je ne crois pas qu'on retrouve prochainement l'entrain jeune et confiant, la vitesse de mouvement que la production industrielle a montrés pendant la période décennale 1850-1860... ou bien, il faudra changer quelque chose de nos habitudes prises.

Lorsqu'on organise une force militaire de plus de 1,300,000 hommes pour notre *sécurité*, comme on le dit, le commerce et l'industrie n'ont pas la confiance qu'ils avaient au lendemain du congrès de Paris et du traité de Zurich. J'ai, dans un autre écrit (1), indiqué le préjudice directement causé aux hommes de travail par la nouvelle loi en particulier et par la conscription dans tous les temps. Mais ces grands armements du continent et la politique qui les rend nécessaires, ces organisations de peuples armés, et disponibles à la volonté de quelques individus, à mesure qu'ils deviennent plus redoutables, inquiètent les intérêts, enchaînent le crédit. On craint à chaque printemps l'effroyable choc de ces masses humaines. On sent que les guerres ne seraient plus un mal partiel dans l'histoire d'une nation : elles atteindront désormais toutes les familles, toutes les fortunes, toutes les entreprises, toutes les affaires du pays, et finiront par la victoire ou la catastrophe universelle. Nous qui passons notre vie à étudier la politique, nous qui voyons que dans l'état actuel de l'Europe la France est encore assez forte pour que personne n'ait envie de l'attaquer, et que, d'un autre côté, elle n'est pas en situation d'alliances pour attaquer personne, nous croyons à la paix. Mais les militaires, les hommes à qui l'on a tant parlé de la *prépondérance* de la France, les hommes qui risquent, comme sanction de leurs conjectures, autre chose que d'être faux prophète, ceux qui vont s'engager dans une opération à longue échéance, ceux-là ne croient pas à la paix, et plus la paix se prolongera, autant durera leur incertitude. M. de Bismarck aura beau dire qu'il n'a pas besoin de Strasbourg ; on aura beau nous faire savoir que nous renonçons au Luxembourg et à Landau, et que nous acceptons « les faits accomplis au-delà du Rhin » ; l'agence Havas aura beau nous apprendre « que la Russie n'a ni chevaux ni soldats » ; en

____

(1) *Le Projet de réorganisation militaire.* Paris, Dentu, 1867.

présence de ces 4 millions de gens de guerre à qui quatre ou cinq
personnes peuvent donner, par le télégraphe, l'ordre d'entrer en
campagne, il est très-difficile que les intérêts se rassurent.

D'un autre côté, avouons-le, ce grand mouvement de 1850 à
1860 n'a pas été tout à fait irréprochable et prudent. Au début,
à la vérité, il fut admirable. Il naissait au milieu des orages. Il
n'avait pas peur du bruit des factions. Il dédaignait les menaces
vaines de quelques égarés et les avertissements furieux de cette
vieille bourgeoisie, ultra-conservatrice qui prédisait la fin du
monde. Ce fut un vrai mouvement industriel des pays démocratiques. Plein de hardiesse et de vouloir, il se confia aux destinées
de la France et fit sa fortune solidaire de celle de la Patrie.
Mais plus tard il rencontra de mauvais compagnons qui l'ont ter-
riblement compromis. Le génie de la production fut surmené,
détourné, exploité par toutes sortes de cupidités et d'intérêts qui
lui sont étrangers. A la suite du travail libre et honnête vint la
spéculation avide. Il parut d'abord que le progrès y gagnait
quelque chose et se trouvait servi par ces alliés peu recomman-
dables. En effet pendant une douzaine d'années, on a beaucoup
pioché, terrassé, bâti, on a beaucoup consommé et payé bien de
l'argent au trésor. Il est accouru dans les villes, où l'impôt rapporte surtout, une foule de gens qui abandonnaient les campagnes, où l'impôt rapporte moins. On a beaucoup contracté,
dressé des actes, usé du papier timbré, on a fait valoir l'enregistrement. Mais ce qu'on enfle reste creux. Souvent on pensait
créer, quand on escomptait simplement l'avenir. Aujourd'hui ce
qui était de cuivre et paraissait de l'or laisse voir le vert-de-gris
rongeur. Combien, et des plus avisés, sont à l'heure présente
comme l'apprenti sorcier à qui le diable avait prêté des ducats :
quand on ouvrit le tiroir on vit des feuilles sèches. Le quart
d'heure de Rabelais est venu. Il ne s'agit plus de consommer,
mais de régler. Jetez les yeux sur la cote de la Bourse : où en
sont les grandes machines qui ont tant poussé à la consommation?
Que d'épargnes prodiguées au gouffre! Cinq milliards, dit-on,
ont passé la mer, les Pyrénées ou les Alpes, et pour ces milliards-
là tout est fini. A côté, que d'autres ruines! Additionnez les
budgets des grandes villes : ces budgets aussi ont leurs mécomptes. Des dettes flottantes énormes, plus ou moins régulières;
des ressources épuisées, l'avenir engagé. Croit-on que l'on

pourra continuerde ce train-là? Non. Le véritable progrès, celui quia pporte la richesse durable et qui permet de compter sur un accroissement régulier du produit des impôts, est moins fiévreux; il n'est pas besoin de le hâter par des moyens factices. Bien mieux : L'emploi de ces procédés a certainement nui pour un temps au libre travail qui, seul, par l'économie et par l'utilité de ses œuvres, procure aux nations le bien-être et la grandeur.

Mais il y a quelque chose de plus grave encore. Les *affaires* ont tort de dédaigner la politique, car elles sont très-soumises à son influence. On ne conçoit pas un pays où la richesse abonderait tandis que la population ne serait point satisfaite. Confiance, satisfaction, enrichissement sont des termes corrélatifs.

Où en sommes-nous, à ce point de vue? N'y a-t-il pas dans les esprits une singulière agitation? Quel est l'état mental de la France? Les uns parlent de réveil, les autres de menées hostiles. Ceux-ci s'inquiètent et poussent des cris d'alarme; ceux-là se réjouissent. Le calme des quinze années dernières est troublé. Que se passe-t-il?

Il se passe que depuis quinze ans, les CLASSES de la société française ont vécu côte à côte, sans se parler, sans se pénétrer, sans se voir : maintenant elles ont de temps en temps les unes des autres de vagues nouvelles, dont elles s'effraient. La bourgeoisie sent que, près d'elle, a grandi pendant le second empire une démocratie. Elle retrouve, quinze ans après le 2 décembre, ce suffrage universel, qui lui avait tant déplu, maître incontesté et si solidement établi qu'on serait fou de recommencer contre lui la guerre. Elle aperçoit ce grand parti démocratique, qui, décimé, décapité, calomnié, est devenu plus puissant et plus nombreux dans le silence et l'abstention. Elle l'entend qui prononce des mots qu'elle comprend mal. Elle ignore ce qu'il pense, ce qu'il veut. Elle ne sait comment l'aborder. La peur la reprend.

Le suffrage universel, d'autre part, est encore pour portion dans les mains du Pouvoir. Ailleurs il échappe : il use indocilement de ses droits imprescriptibles : et c'est précisément le peuple des villes, l'armée de l'industrie. Comment le ramènera-t-on? Comment l'empêchera-t-on d'entraîner tôt ou tard avec lui le peuple des campagnes? — Le second empire a déjà donné à la démocratie tout ce qu'un gouvernement fort peut livrer sans se dessaisir de ses priviléges. De tout ce qu'il a pu prodiguer aux *classes*

inférieures, comme on dit quelque part, de satisfactions maté-
rielles, de bien-être matériel, il a fait largesse. Que faut-il donc
abandonner encore? — Beaucoup moins et aussi beaucoup plus.

Une démocratie fière et intelligente ne se contente pas longtemps des munificences de ceux qui recueillent et distribuent son
argent. Elle leur sait gré de leurs bonnes intentions économiques
et administratives. Mais elle s'aperçoit bientôt qu'il y a quelque
chose de plus précieux que tout, c'est la dignité, la dignité per-
sonnelle qui fait les hommes *égaux*; et elle comprend vite quelles
sont les conditions essentielles de la dignité. — Pendant ces
quinze années dernières le peuple a beaucoup réfléchi : il a vu,
dès le début, un gouvernement qui avait la force, et qui pourtant disait s'appuyer sur lui, le peuple ; un gouvernement qui lui
demandait des plébiscites, qui déchirait la loi du 31 mai : il en a
pris un certain respect de lui-même et de ses droits. Il a donc réfléchi. Il s'est donné le temps d'élucider les idées nées de 1848. Il
en a écarté l'utopie, l'empirisme, les rêveries ; mais en pratiquant
ses fonctions électorales, il s'est parfaitement convaincu à la fois
de sa propre modération et de sa puissance. Puis il a regardé du
côté de l'Amérique ; et là, il a vu comment l'égalité politique
produit l'ordre et le bien-être de tous. Enfin, il a été très-frappé
de cette coïncidence de l'amélioration de son sort avec l'événe-
ment qui lui avait accordé le droit de suffrage. Il ne s'y est pas
trompé, lui ; et il en a conclu que l'enrichissement d'une nation
et d'un individu tient à ce qu'ils ont d'indépendance, de dignité,
d'égalité ; il en a conclu que pour avoir chance d'amasser une
épargne et d'acquérir la propriété, but des efforts de tous les
travailleurs, il est très-bon de vivre dans une société d'égaux,
de citoyens tous libres au même titre ; que ceux-là seuls sont les
égaux de tout le monde, et sont réellement des citoyens, qui
comprennent, jugent, apprécient les faits contemporains dont se
forment l'histoire et la grandeur de la patrie commune, et qui
prennent une part active par des votes raisonnés, par des actes
volontaires et conscients, par des manifestations directes, effi-
caces et *fréquentes,* au règlement des intérêts collectifs, au gouvernement de la Cité et de l'État. Aujourd'hui donc la démocratie
veut entrer dans la vie politique. Elle pense que le suffrage universel a fait un stage assez long. Elle veut la liberté : la liberté
sans laquelle l'égalité n'est qu'un vain mot ; la liberté politique

qui confond les rangs et réunit des hommes de toutes origines et de toutes professions sous un même drapeau, dans un but unique : la liberté enfin dont la doctrine a vaincu définitivement la primitive théorie socialiste, c'est-à-dire le principe communiste et dictatorial.

Avec un pareil programme, la démocratie est évidemment très-forte. Elle a pour elle le texte et l'esprit de la loi. Ses vœux formulés très-nettement déjà dans la partie de la population qui s'est mise à raisonner, sa propagande qui s'étend de jour en jour, qui gagne les campagnes peu à peu : tout cela est incompressible et d'ailleurs irréprochable. Mais on pense bien que la liberté réclamée, désirée par la démocratie, n'est point cette liberté timbrée, cautionnée, tolérée, diminuée, enfermée dans une chambre et dans un salon. La démocratie ne saurait qu'en faire. Cette liberté-là d'ailleurs aurait plus d'inconvénients que d'avantages. Ses allures aristocratiques et privilégiées ne serviraient qu'à désunir un peu plus et à mettre en défiance les unes des autres les différentes fractions de la nation. Une liberté complète, radicale, — la grande liberté active, égalitaire, parlant hardiment sans crainte et sans hésitations la langue courante, la langue de tout le monde et de tous les jours ; une liberté sans pièges, accessible au peuple et pratiquée par lui d'une façon permanente ; voilà celle qui permet à la nation d'élire et de surveiller ses administrateurs, ses conseillers, ses députés, de diriger ses destinées, selon ses intérêts, toujours pacifiques et conservateurs, et à chaque citoyen d'être compté dans la nation et traité en égal par des égaux ; — voilà celle aussi qui permet aux hommes de bonne volonté et d'expérience d'exercer sur le suffrage universel leur influence légitime et salutaire ; voilà la liberté d'où peut sortir l'union de la bourgeoisie et du peuple, la liberté qui dissiperait tous les malentendus, qui nous mêlerait tous ensemble dans un grand mouvement de tous les jours : et si nous la possédions, nous aurions bientôt fini de mettre en ordre nos communes affaires.

Mais si les pratiques actuelles ne se transforment point, si les citoyens demeurent, comme ils le sont, en cellules, les uns vis-à-vis des autres, se méconnaissant ou s'ignorant ; si la démocratie continue à réclamer avec une instance croissante des choses qu'elle n'obtiendra pas, tandis que les hommes de la conservation s'effraieront de cette voix à demi étouffée dont ils n'entendent que le murmure, soyez sûrs que la prospérité matérielle en souffrira, et vous ne reverrez plus des temps faciles et doux, pareils à ceux pendant lesquels le produit des impôts s'accroissait de 680 millions.

Ah! si nous avions cette liberté démocratique que nous venons de définir! Mais l'heure de son avénement est encore un mystère.

V

Ce qui n'est point un mystère, c'est l'accroissement progressif de nos dépenses futures.

Veut-on se rendre compte de la vitesse avec laquelle elles montent? Le budget primitif de 1868 présentait une augmentation de 52,230,745 fr. sur le budget primitjf de 1867. Mais cet accroissement de 52 millions se trouve grossi par le budget rectificatif de M. Magne de plus de 57 autres millions, et le projet de budget annoncé pour 1869, qui sera rectifié plus tard à son tour, porte une augmentation nouvelle de 8,228,000 fr. — Voilà donc une différence de 118 millions en deux ans, et, bien entendu, les dépenses exceptionnelles de la transformation de l'armement, les 440 millions d'emprunt en nn mot, n'y sont pas comprises.

Cette vitesse ne peut pas se ralentir.

Les hommes de la majorité du Corps législatif ont fait bien des efforts pour l'arrêter. Des ministres des finances mêmes ont poussé des cris d'alarme. On a renvoyé M. Magne, repris M. Fould, on a pris M. Forcade de la Roquette, repris M. Magne. On s'est même entouré de barrières, de règlements et de sénatus-consultes. Mais les sénatus-consultes, puissants contre les écrivains, sont impuissants contre la force des choses. On n'empêche pas l'eau de couler, quand il y a une pente. Et la Chambre, après avoir favorablement écouté M. Thiers, M. Berryer, même M. Magnin et M. Picard parlant d'économie; après avoir chargé M. d'Andelarre de présenter des remontrances sur les budgets passés, a voté, vote et votera des augmentations de crédits pour les budgets nouveaux.

L'accroissement des dépenses a pour cause notre organisation administrative, militaire, économique ; elle tient aux conséquences de notre politique intérieure et extérieure, et, — pour me servir d'une expression très-juste qu'on employait du temps de Louis-Philippe, — au système.

La preuve ? — Prenez ces discours si étincelants de verve, si amusants, qui ont l'air si clairs et si pleins de bon sens pratique, ces discours où la bourgeoisie française va demander le mot d'ordre et qui sont des événements ; cherchez la conclusion. Après que M. Thiers a si merveilleusement exposé le côté fâcheux de la situation financière, après qu'il a montré les contradictions des ministres, persiflé les illusions du rapporteur, malmené *son* gouvernement, célébré la sagesse d'un autre âge et aplati les financiers d'aujourd'hui sous la comparaison du vénérable ex-abbé-baron Louis... eh bien ! M. Thiers se retourne vers les *esprits chimériques* qui proposent des économies... et il ne conclut pas.

Comment conclurait-il, le théoricien de l'équilibre européen, des armées permanentes, du culte national et de la centralisation ? Quand on garde le système, a-t-on des économies à offrir ? Il faudrait résoudre le problème d'Harpagon, de faire bonne chère avec peu d'argent.

Vous voulez que la politique extérieure de votre pays soit l'œuvre exclusive et mystérieuse de quelques diplomates, — responsables ou non, peu m'importe ; car leur responsabilité devant une chambre non soumise au contrôle incessant de la nation toujours en éveil me paraît illusoire. Vous voulez une politique extérieure de coups d'éclat, d'influence, d'ingérence, d'interventions, de *prépondérance*, — non de prépondérance morale, acquise par l'exemple qu'on donne, mais de prépondérance par la force. — Vous voulez régler non-seulement le sort du peuple que vous *gouvernez*, mais des peuples voisins et des peuples lointains. Il vous faut protéger tantôt Méhémet-Ali, tantôt les Crétois et tantôt les Turcs. — Vous n'intervenez pas au Mexique et en Pologne, c'est vrai ; — mais vous trouvez bon d'intervenir dans les principautés danubiennes. Vous n'intervenez pas pour délivrer l'Italie :

mais vous intervenez pour défendre le pape. Vous vous croyez
chargé de mener le monde. La conséquence?

C'est d'abord une armée permanente, recrutée par la conscription,
une armée nombreuse et casernée. Qu'on y serve huit ans ou neuf
ans, cela n'est guère la peine d'y regarder de si près : c'est une
armée permanente, disciplinée, réunie, disponible par décret, au
bout du télégraphe. Il faut être *prêts.* — C'était le mot de M. Thiers,
et celui de M. Niel, et celui de M. Rouher pendant la discussion
dernière. Il faut qu'après la décision subite de celui ou de ceux
qui, dans un cabinet solitaire, arbitrent nos destinées, il faut
qu'aussitôt le clairon sonne, et en campagne! — L'armée de la
nation, cette organisation démocratique et économique est bonne
tout au plus pour les grandes occasions, pour les guerres d'un
grand intérêt, compris et accepté par la nation entière. — Mais
une telle force est-elle assez mobile et maniable pour les desseins
variables et passagers de la diplomatie du système? Non, gardons
notre armée permanente, renforçons-la, augmentons les crédits
de la guerre. Il vous manque 50 millions encore? Prenez-
les, monsieur le maréchal. Augmentons les *cadres.* Ne touchons
pas aux *cadres!* — C'est M. Thiers qui parle, — et M. Magne
répond dès le 27 janvier : Je prends les 50 millions, plus 130, *et
tout ne sera pas fini.*

Les dépenses de la guerre s'accroîtront, cela n'est pas dou-
teux : à mesure que les contingents la formeront, cette force de
de 1,300,000 hommes demandera plus d'argent : et aussi s'augmenteront votre budget de 18 millions de la Légion d'honneur et
vos 46 millions de pensions militaires.

Les dépenses de la marine aussi s'augmenteront. Nous avons
une marine très-brillante, qu'on appelle quelquefois une marine
de luxe. — J'entends dire à des hommes spéciaux qu'elle a l'in-
convénient d'épuiser, d'absorber notre marine marchande. L'État
prend à la fois les matelots dont celle-ci aurait besoin et les officiers les plus savants. On a fait de beaux discours à la chambre
sur la quasi-décadence de notre marine commerciale. C'est le
fret qui lui manque, répètent les uns : non, ce sont les marins
qui lui manquent. Mais voilà le système! entretenir avec l'argent
de l'État, au service de l'État, en temps de paix, toutes les forces
que nous pourrions lever en temps de guerre. On se ruine et on
tarit les réservoirs que la prudence ordonnerait de laisser se rem

plir. Ainsi ne fait pas l'Amérique, — qui cependant, si elle avait une guerre, aurait une guerre maritime et contre l'Angleterre. L'Amérique sait qu'on improvise des vaisseaux, mais qu'on n'improvise pas des hommes de mer. Elle donne au commerce presque tous ses matelots et ses officiers. Dans l'aristocratique Angleterre même, l'amirauté prête au commerce la moitié de ses officiers. Il est vrai que l'Amérique n'a point une marine aussi belle que la nôtre. Nous comptons 167 bâtiments armés et à la mer : elle en a 103 à la disposition du président Johnson, avec une population maritime quintuple à la nôtre. Je reconnais qu'il ne suffirait pas à celui-ci de dire : Faites chauffer ! pour engager à la fois toutes les flottes de la République. Cependant l'Angleterre respecte et ménage les États-Unis, et nous les ménageons aussi. Mais revenons chez nous. Nos dépenses maritimes s'accroîtront comme celles de la guerre, plus vite encore, j'en ai indiqué ailleurs les causes particulières. A la cherté des armements et des constructions navales incessamment renouvelables ajoutons d'ailleurs l'extension de nos entreprises de colonisation de l'extrême Orient. Le million cochinchinois ne représente guère ce que nous coûtera cette Algérie nouvelle, conquise a cinq mille lieues de nos côtes.

Maintenant, si vous êtes un centralisateur; si vous pensez que les Français sont incapables de se conduire eux-mêmes, de rien comprendre à ce qui les intéresse le plus immédiatement; si vous croyez que le bon sens et la raison sont le privilége d'un petit nombre d'hommes nés pour administrer et gouverner les autres, et que la liberté consiste, pour la masse du public, à lire des discours et à changer de maîtres; si vous n'admettez pas qu'un pont, une route peuvent être commencés, qu'une pierre puisse être dérangée de la maison commune d'un village sans qu'un monsieur de race supérieure, inspiré par un autre personnage de race encore plus supérieure, à qui l'inspiration arrive de plus haut encore, ne l'ait décidé; si vous écartez le peuple de la direction de ses propres affaires; si vous remettez, pour les plus petites choses comme pour les grandes, l'arbitrage suprême, la décision souveraine à cette providence infaillible, bienfaisante et mystérieuse qu'on appelle le gouvernement; — le premier résultat sera de créer une nation d'ignorants, d'indifférents et de brouillons, recevant son pain quotidien d'une autre nation superposée, celle-ci de subordonnés, simples agents de transmission, simples rouages inconscients ; et au point de vue philosophique et moral, nous aurions beaucoup à dire sur ce sujet. Mais le résultat budgétaire ne sera pas l'économie.

Ce mécanisme est nécessairement cher. A mesure qu'il se complique, — et le progrès des temps fait naître des affaires de plus en plus diverses et nombreuses, — la matière administrable s'étend de jour en jour, l'appareil devient plus cher. La bureaucratie, ses archives, ses bâtiments, son personnel prennent des proportions démesurées. Mais comment supprimer le paperassier à moins de supprimer la paperasse. Je sais qu'il y a quelques abus, et qu'après avoir fait beaucoup de fonctionnaires nécessaires à d'inutiles fonctions, on a institué quelques fonctions nécessaires à d'inutiles fonctionnaires. Mais ce n'est point la règle. Tant que les intérêts innombrables de toute la France seront obligés d'aller chercher leurs solutions chez le ministre ou le préfet, il faudra des milliers de canaux pour amener jusqu'à eux cette effroyable concentration de dossiers gros ou minces. D'ailleurs les traitements des subalternes, — si l'on admet l'existence des places, — ne sont point élevés. Il faut même qu'il y ait dans cette apparence d'autorité dont sont revêtus les titulaires un charme mystérieux pour qu'on en trouve aussi facilement. Mais leurs traitements agissent sur le budget seulement par leur grand nombre. Ce qui surtout est cher, c'est le Prestige.

Le Prestige est la clef de voûte du système. On ne concevrait point une grande nation, qui est en train de devenir une grande démocratie, se laissant administrer aussi complétement par des êtres sans prestige. Cérémonies, cérémonial ! Voici venir les gros traitements. — Un étranger qui n'apparaîtrait pas dans *ses* communes en habit brodé d'argent, voiture neuve et livrée éclatante, serait-il attendu comme le bienfaiteur, sans lequel nous n'aurions, pauvres paysans, ni ponts, ni routes, ni écoles, ni justice ? Si les populations pouvaient penser qu'un préfet est un homme fait comme un notaire ne seraient-elles pas tentées de se conduire elles-mêmes ? Le Prestige ! l'autorité et le Prestige ! A mesure qu'on se rapproche du sanctuaire où résident la pensée et la puissance de la France entière, que le Prestige devienne de l'éblouissement ! Au chef-lieu, on se brodait d'argent, ici l'or est mesquin ; on essaye les diamants. Que si de quelque lointaine contrée, du fond de la Lorraine et de l'Anjou, se hasarde jusqu'à Paris quelqu'un de ces hommes raisonneurs et défiants, comme la nature en fait partout, même dans les campagnes, « où l'on respire à l'aise », qu'il s'en retourne subjugué par le prestige et convaincu que l'infaillibilité même habite ces palais et ces chancelleries !

Et les ministres se succèderont ; mais les gros traitements grossiront, à moins qu'on ne renonce au prestige, car le prestige devient hors de prix.

Encore si le prestige ne coûtait que des pensions, dotations et gros traitements. Mais il faut que l'autorité centrale se fasse connaître à tout le pays autrement que par des exhibitions d'apparat et des duretés administratives. Il faut conquérir la reconnaissance par des bienfaits : et voici les faveurs. On voit ici pour les communes ce que nous avons vu déjà en parlant du clergé. La providence gouvernementale a besoin de se faire bénir par celui-ci et adorer par les autres. On ne permettrait pas à un conseil municipal d'exprimer un vœu soupçonné d'être politique, mais on l'encouragera à endetter ses administrés, pour leur montrer tout ce qu'ils gagneront à rester en tutelle. C'est ainsi que les budgets spéciaux (départements et communes) se sont élevés de 100 millions depuis quinze ans, et que le budget des travaux publics est de 141 millions. Voici maintenant le quatrième réseau des chemins de fer ; voici les chemins vicinaux : et l'État a déjà 660 millions de travaux commencés à finir. M. Magne reconnaît la nécessité de créer de nouvelles ressources : et de quoi parle-t-il ? de lancer les communes dans une série d'emprunts ; de *soulager* le budget de l'État par un système d'annuités. J'adjure les hommes de sens de réfléchir à ce plan inquiétant ! Mettre une annuité d'un million pour quatre-vingt-treize ans au budget est trop facile et trop tentant. Songe-t-on cependant que c'est emprunter et s'engager à rendre 93 millions : je ne parle pas de l'intérêt composé qui double un capital en quatorze ans ? Veut-on dévorer l'avenir ? Avez-vous le droit, pour acquérir la reconnaissance des populations, pour satisfaire des demandes souvent exorbitantes dans un intérêt politique actuel et passager, — pour une utilité même, si vous voulez, — avez-vous le droit de condamner vos descendants à payer pendant quatre-vingt-treize ans vos fastueuses munificences ? Avez-vous le droit de racheter ainsi aux dépens de l'avenir les fautes du Mexique, de l'Allemagne et de Rome ? — La Chambre, si favorable qu'elle vous soit, ne votera pas ces emprunts déguisés. Mieux vaudrait franchement déclarer que vous avez promis plus que vous ne pouviez tenir ! Mais voilà ce qu'on ne fera pas : Les budgets des travaux publics et les budgets des communes et des départements grossiront encore, et les gouvernements se feront de cette ampleur budgétaire un titre de gloire.

VI

Pourtant il est nécessaire d'arracher quelques centaines de millions à la voracité du budget. Il est urgent d'amortir la dette, — d'organiser l'instruction primaire, — et de réduire un certain nombre d'impôts.

Tous les peuples, dans les grandes crises de leur histoire, peuvent être obligés d'emprunter : mais ils ont envers les générations futures le devoir de payer ce qu'ils ont emprunté. Le plus grand homme d'État de la démocratie moderne, Jefferson, disait qu'une nation n'a pas le droit de contracter une dette qu'elle n'amortit point dans un espace de dix-neuf ans : autrement elle engage la volonté, elle paralyse l'indépendance, elle aliène l'inaliénable souveraineté de ses descendants. Elle vit à leurs dépens : elle se fait entretenir par eux. Elle leur lègue la misère. — Il est vrai que certains gouvernements aiment à rejeter sur l'avenir des dépenses exagérées qu'ils présentent à leurs contemporains comme des bienfaits : ils sauvent ainsi leur popularité, et réussissent à cacher pour un temps le désordre et la cherté sous les apparences de l'abondance. Ils font d'ailleurs le calcul de César, qui s'était créé un grand nombre de créanciers, supposant que ceux-ci deviendraient des partisans de son succès ; et les angoisses des rentiers leur paraissent conservatrices par excellence. Mais si des ambitieux corrompus raisonnent ainsi, une démocratie ne saurait penser de la même façon. Quand l'amortissement régulier ne vient pas empêcher la dette de s'accumuler, il y a danger que la hideuse banqueroute ne se charge de soulager les finances obérées. Souvenons-nous qu'en France, depuis Henri IV jusqu'au

Directoire, nous comptons sept grosses banqueroutes. Augmenter la dette de quatre ou cinq milliards tous les quinze ans, lorsqu'on n'a eu que deux guerres courtes et qu'on a recueilli de diverses origines des ressources extraordinaires considérables, — n'est-ce point préparer une catastrophe? Aujourd'hui le public ne voit dans l'emprunt qu'un bon placement. Mais supposez soit une guerre longue et acharnée, soit un accident, aurons-nous, pour un emprunt nécessaire alors, notre liberté de mouvements, si nous traînons déjà ce boulet qui pèse 12 ou 13 milliards?

Amortissons : constituons une caisse d'amortissement un peu moins fantaisiste que cette espèce d'annexe au budget, qui n'a d'autre fonction que de dérober à la connaissance du public superficiel une partie de notre passif, 12 millions d'une part, 31 millions de l'autre.

Il est temps enfin de donner au ministre de l'instruction publique les moyens de réaliser les bonnes intentions si souvent annoncées dans ses prolixes documents.

Nous sommes le peuple le moins enseigné de l'Europe. Notre Université est forte : notre instruction supérieure est brillante. Il y a dans nos lycées un certain nombre de bourses pour les familles qui ont un titre à la bienveillance de l'autorité. Mais l'instruction primaire, celle du suffrage universel, est nulle. Voyez les fameuses cartes teintées de noir et de clair qui marquent l'état intellectuel de nos départements : rien de plus navrant. En 1866, le ministre Duruy mit au *Moniteur* un rapport plein de statistiques prouvant à l'évidence l'infériorité de l'enseignement primaire français. Il demandait la permission d'essayer de faire un peu mieux. Mais aussitôt sénateurs, députés de s'émouvoir. La commission de l'adresse, — c'était avant le 19 janvier, et l'adresse n'était pas supprimée, — menaçait d'insérer dans sa rédaction une phrase opposante. Le soir même, S. Exc. M. Duruy fut désavoué par *le Petit Moniteur* d'un sou. On n'attendit pas au lendemain pour calmer les inquiétudes. Pendant la session, les harangueurs se firent applaudir en protestant contre les doctrines subversives du grand maître de l'Université, au nom de la liberté, — de la liberté des enfants qui ne veulent pas aller à l'école et des pères qui préfèrent les envoyer ramasser des crottes sur les routes ou gagner quelques centimes dans les ateliers. Ce sont les partisans de la CONSCRIPTION militaire, adoucie pas la remplacement au profit de ceux qui ont de quoi payer, qui se sentaient ainsi pris de scrupules. Ils hésitaient ! Ah ! qu'il faisait beau les voir hésiter ! — Caserner des hommes de vingt et un ans pour sept, huit ou neuf ans ; — pour neuf ans, c'est beaucoup, et l'on pourrait hésiter encore, mais huit ans ! huit ans ! à la bonne heure. Mais condamner des enfants de dix ans à suivre l'école, ou plutôt donner à quelqu'un le droit de rechercher s'ils suivent une école quelconque : voilà la tyrannie. Et puis la gratuité ! veut-on humilier le peuple, lui imposer l'aumône ? Non : qu'il paye l'instruction de ses enfants, afin d'en mieux connaître le prix ! La gratuité ! c'est trop fort ; et là-dessus n'hésitons plus. — Ces raisons ingénieuses parurent concluantes. Pourtant l'année d'après on vota cette loi qui met au budget extraordinaire ces 1 million 100,000 francs dont nous avons parlé.

Eh bien ! ces 1 million 100,000 francs ne suffisent pas. Il s'en manque de 50 millions.

Le peuple veut être instruit, — d'abord afin de ne pas faire de sottises et de pratiquer son droit électoral intelligemment. Souvent trompé, dupe de faux avis venus de droite et de gauche, d'en haut et d'en bas, le peuple veut être en état de discerner le vrai du faux, et de n'être plus dupe, et de comprendre quelque chose à cette succession d'idées et d'événements dont il est tour à tour le patient, l'auteur et le juge. Puis le peuple sent très-bien que les hommes désormais ne seront inégaux que par leurs différences en moralité et en instruction. En cela, il est partageux. Il ne convoite pas le bien d'autrui ; car visant à acquérir la propriété, il n'a pas l'absurdité d'en attaquer le principe. — Pardon de revenir sur cette banale vérité ! mais cette calomnie du communisme est prodiguée avec tant d'insistance par la mauvaise foi des habiles, et acceptée si naïvement par les crédules contre la démocratie, qu'il importe de la repousser avec persévérance. — C'est en matière d'instruction seulement que le peuple veut sa part de ce capital intellectuel qui double et triple la valeur des hommes, qui double et triple les fruits du travail et de l'épargne, et d'où peut naître enfin l'égalité sociale. Le peuple d'aujourd'hui regrette d'avoir été mal enseigné : il attend que ses enfants le soient mieux que lui.

Les conservateurs, qui ne sont point des bornes inconscientes,

auraient tort de s'opposer à ce désir moral, juste et même noble.
Ne laissez pas croire que votre influence dépend de l'ignorance d'autrui. L'influence des gens capables de parler raison et
bon sens ne s'exerce sûrement que sur des cerveaux ouverts.
La résistance sur ce point serait mal prise. Créons donc partout
de véritables écoles, et d'abord un personnel d'instituteurs et
d'institutrices ayant quelque savoir. Étendons beaucoup le programme de l'instruction primaire. Lire péniblement, signer gros-
sièrement son nom, additionner un mémoire de fournisseur, ce
n'est point assez. L'enfant aujourd'hui en quittant les bancs de
l'école est un pauvre ignorant, parfois un pauvre sauvage. Il ne
sait rien du passé de son pays, rien du monde moderne. Il n'a pas
notion des choses de son temps, des efforts de la science qui font
la gloire de son siècle. Il retombe aussitôt dans l'isolement de son
village et de sa vie routinière : sa pensée même n'a pas le moyen
d'en sortir. Je ne demande pas que tous les hommes soient des
savants, mais qu'on leur *ouvre* l'esprit!... L'intelligence de nos
paysans n'est pas plus rebelle que celle des yankees : pourquoi ne
recevrait-elle pas la même culture? — Trouvons de l'argent pour
cette œuvre.

Les impôts sont très-lourds. — En outre des deux milliards
d'impôts, de monopoles ou de taxes qui figurent au budget,
comptons les octrois des villes et certaines taxations communales, cent cinquante à cent quatre-vingt millions; les corvées
payées en journées de travail ou en argent, quatre-vingts ou
quatre-vingt dix millions; la conscription, enfin, soixante millions pour ceux qui se font remplacer, et, pour le peuple, une
charge que, dans son discours si remarquable du 22 décembre
dernier, M. Magnin estimait à trois cent millions, prix du travail
perdu et confisqué au profit du régiment. — Deux milliards
six cent millions : voilà l'impôt général de la France.

Mais on aurait tort de considérer le poids de cet impôt comme
exactement chiffré par ce total. Tous les économistes admettent
qu'en plaçant un impôt à la source de la production ou de la
consommation, on diminue l'une et l'autre dans des proportions
singulières. S'il s'agit d'une industrie de luxe, on peut empêcher
tout à fait de vendre et de fabriquer : on tue d'un coup l'industrie et la contribution. De là nécessité d'asseoir les impôts indirects, ceux qui rapportent le plus, sur des choses indispensables

à l'existence, et qu'on achètera malgré leur cherté, — le sel, le vin, l'alcool, le sucre.

Il en résulte que l'impôt n'a plus de proportionnalité, et qu'il frappe le salaire presqu'autant que la fortune; ce qui a permis à quelqu'un d'écrire : « L'impôt est progressif en raison directe de la misère! »

Un grand nombre de financiers, à la vérité, s'accommodent du système : ils donnent particulièrement deux raisons pour justifier les impôts indirects. Lorsque dans ces derniers temps M. Glais-Bizoin fit une tentative parlementaire en faveur de la transformation des octrois, ces douanes intérieures, si nuisibles à l'agriculture qui vend et aux villes qui achètent, — ces douanes, que nous laissons autour de treize cent trente huit portions de notre territoire, après avoir entamé le régime prohibitif de nos côtes et de nos frontières; ce fut un membre perpétuel de la commission du budget, M. Louvet, qui se chargea de répondre et de faire, au nom de ses collègues de la majorité, un acte de foi aux contributions indirectes, et il expliqua que ces taxes sont excellentes, parce que les citoyens les paient sans s'en apercevoir, et parce que, les riches salariant ceux qui les entourent, le fardeau retombe en définitive sur les riches.

Les deux raisons ne valaient rien. La dernière est un peu aristocratique et dure. Ce qu'un travailleur mange et boit est à lui, et si le fisc intervient et réclame un droit sur le vin ou la nourriture, ce n'est pas le maître qui l'acquitte. A ce compte, on pourrait mettre la totalité des impôts à la charge du travail afin de mieux atteindre le capital. La science a depuis longtemps fait justice de ces puérils sophismes sur l'incidence de l'impôt, et décidé que cette incidence n'ayant pas de lois fixes ne peut engendrer l'équité. Quant à la seconde raison, elle n'est pas meilleure. Il n'est pas vrai que les contribuables paient ainsi sans le savoir. Cette sorte de perception *à la tire*, opérée par le fisc dans la poche du citoyen pendant que celui-ci dormirait, est une illusion. Cette... finesse est cousue de fil blanc. Le peuple sait très-bien pourquoi le sel, le sucre, la viande coûtent tel et tel prix ; pourquoi le vin est cher et fraudé, l'alcool cher et sophistiqué. Les marchands en détail à qui il a affaire, — car le peuple paie exclusivement le surcroît de la vente en détail, — auraient la précaution de l'avertir, s'il ne devinait pas.

Les octrois, l'impôt sur les boissons sont très-lourds aux paysans, aux ouvriers, aux propriétaires, au commerce : ne contestons pas cette évidence. Les impôts sur les boissons, par exemple, qui, sur un tonneau de vin prennent en certains cas, — et c'est du vin commun, du vin de tout le monde, — cent, deux cents, quatre cents fois sa valeur réelle ; cet impôt multiple, dont les formes sont si ingénieusement compliquées, souvent vexatoires, — en vertu duquel un verre de vin avant d'arriver aux lèvres du buveur a parfois payé seize taxes, redevances ou péages au fisc ; — cet impôt qui gêne une des productions où la France est vraiment supérieure aux autres nations, une production pour laquelle les deux mondes devraient nous payer tribut ; qui est-ce qui le paie ? le vigneron ou le maître, comme dit M. Louvet, ou bien la France même ? N'est-ce pas le massacre de la poule aux œufs d'or ? N'est-ce pas l'encouragement à la fraude et à la tromperie ? Est-ce la proportionnalité et la justice ? Alléguera-t-on pour le maintenir autre chose que ceci : nos dépenses sont grandes et nous avons besoin d'argent.

En réalité presque tous les impôts sont improportionnels et très-nuisibles. Demandez à l'agriculture ce qu'elle pense de l'impôt foncier, qu'il faut payer chaque année, même sans revenus, — de cet impôt très-inégalement réparti, prenant 3 0/0 ici, 7, 8 et 9 0/0 dans un département voisin, et cependant partout exposé aux surcharges des centimes additionnels.

Qui n'a vu, dans certaines habitations pauvres, l'impôt des portes et fenêtres, l'impôt sur la lumière, sur la respiration, sur la santé, repousser des familles dans des chambres, murées comme des cachots par la peur du fisc qui rôde ?

Demandez au commerce, à l'entrepreneur, au plaideur, au débiteur, à l'acheteur, à l'héritier, ce qu'ils pensent de cet enregistrement dont vous êtes si fier parce qu'il vous produit quatre cent vingt trois millions. A quel prix les obtenez-vous, ces millions ? En arrêtant les transactions, en ruinant des plaideurs déjà ruinés, en absorbant des successions déjà obérées, en ajoutant au passif de l'emprunteur hypothécaire un supplément d'intérêts à payer qui achève le désastre, en entravant les mutations, la circulation de la richesse, le crédit. Mais il faut de l'argent ! Il en faut ! et l'administration de l'enregistrement fouille partout, dans vos papiers, dans vos dossiers, *quærens quem devoret*. Ses réclamations vont jusqu'à la rigueur, ses avidités jusqu'à la cruauté. Ce serait parfois risible, si des situations respectables n'étaient pas désolées et rançonnées. Cette rapacité, — j'ai entendu un mot plus dur de la bouche d'un magistrat condamnant à son audience l'enregistrement, — s'explique par le besoin d'argent. A peine arrivé dans la caisse, l'argent est pompé. Mais ce n'est une excuse que dans la comédie, de dire : *Il le fallait ! ! !*

Tâchons d'être moins besoigneux, nous pourrons être justes. Sans doute nous ne supprimerons pas les impôts. Nous ne réduirons pas à rien les vingt-trois millions que vous prenez sur les cafés, les cent quatorze millions des sucres, les trente-deux millions du sel, les deux cent trente-six millions des boissons, les cent trente millions des octrois, et nos économies laisseront encore bien des centaines de millions à percevoir au Trésor ; mais nous reviendrons à la saine doctrine qui veut que l'État ne se charge pas de recueillir l'épargne générale dans les poches de la nation et de la distribuer ensuite en pluie de bienfaits. L'impôt prend beaucoup et rend peu, souvent mal à propos. Laissé au travail, à l'industrie, à l'agriculture, l'argent sait où il a intérêt à aller, et il y va : laissons-le libre. Tous les boulevards, toutes les constructions de palais, d'opéras, d'églises et de préfectures monumentales ne procurent pas au peuple en augmentation de salaires ce que lui coûte l'impôt des boissons à lui tout seul. Malgré les meilleures intentions les providences gouvernementales sont stériles si on compare leur œuvre à celle de l'initiative individuelle. Les impôts ne doivent être que le prix de revient très-exact des services publics.

Réduisons-les à l'indispensable.

VII

La solution du problème est dans l'acceptation franche et complète d'une politique radicalement libérale et démocratique.

Que le suffrage universel soit le maître conscient de ses destinées, que la nation soit au courant de ses affaires extérieures ; qu'elle les discute et qu'elle les juge ; qu'elle ait, quand son opi-

nion sera faite, la liberté et le moyen de l'exprimer : alors nous
aurons une politique pacifique de tendance, conforme aux traditions de la Révolution française (qui fit ses grandes guerres malgré elle, contrainte et forcée par la coalition), conforme aux prin-
cipes et aux habitudes de la démocratie : car les peuples, suppor-
tant tout le poids de la guerre, sont peu sympathiques à la guerre.
Nous aurons une politique fixe, non pas exposée aux complica-
tions imprévues, aux rencontres de susceptibilités princières, —
la politique des intérêts permanents comme le commerce, comme
le travail, comme le pays lui-même. Nos réclamations se feront
écouter, car on saura qu'elles viennent du peuple tout entier;
nos déclarations inspireront une confiance absolue, car elles auront pour garantie l'opinion bien connue du peuple tout entier.
Nous aurons de solides alliances, des alliances de peuple à peuple,
méritées et éprouvées, et non des alliances de hasard qui se transforment du soir au matin en hostilité déclarée. — Nous n'aurons
plus à craindre de conflits soudains pour des causes obscures;
nous n'aurons plus à pourvoir qu'aux nécessités des grandes
guerres amenées par la persistance d'une évidente provocation,
et la France n'a pas à en craindre beaucoup de pareilles.
Sera-t-il indispensable de conserver toujours prêt et disponible
cet immense engin d'agression qu'on nomme une armée permanente? Aurons-nous besoin d'entretenir 400,000 hommes d'effectif,
400,000 hommes de réserve? Sera-t-il même utile d'arracher à la
marine marchande tous nos hommes de mer et d'employer des
sommes énormes à des constructions navales qui ne serviront
peut-être jamais? Un noyau d'armée de 120 mille hommes recru-
tés parmi les volontaires, avec et sans primes; des ports militaires, une flotte réduite, des arsenaux et des magasins approvi-
sionnés, ne suffisent-ils pas à nous donner toute sécurité? 350 millions pour nos dépenses militaires et maritimes ne représentent-ils
pas déjà un sacrifice assez considérable, surtout si nous accor-
dions à l'Algérie le régime civil et libéral que nos colons im-
plorent, et si nous les débarrassions *en partie* de la coûteuse pro-
tection de nos 80 mille soldats et de celle de nos bureaux arabes?

J'ai, l'année dernière, dans un autre écrit, expliqué le plan
démocratique de l'armement national. Les Jules Simon, les
Jules Favre, les Magnin, ont éloquemment présenté, avec l'autorité de leur talent, un projet analogue aux méditations du

public. Le jour où l'on consentira à renoncer à la politique
impuissante de l'ingérence, de l'équilibre, de la diplomatie, de
l'agitation, ce plan, qui économiserait 250 millions de nos budgets
et qui supprimerait la servitude de la CONSCRIPTION, sera
réalisé.

Supposons maintenant le suffrage universel émancipé ; admet-
tons qu'on ne le traite pas comme un enfant qu'il faut étonner
par des splendeurs et dont on gouverne la vie sans prendre la
peine de le consulter ; remettons la direction des affaires dépar-
tementales et communales à des conseils généraux, et à des
conseils municipaux sortis d'une élection *fréquente*. Quelle mois-
son d'économies nous allons aussitôt récolter à travers les
budgets !

Quand la tutelle est finie, on ne paye plus de frais de tutelle.
Exemple : — Si les préfets ne sont plus que de simples représentants du gouvernement près des départements, chargés des
communications indispensables entre ceux-ci et le pouvoir central, à quoi bon leur créer ces grandes situations pécuniaires,
leur rôle de distributeurs des grâces, de maîtres suprêmes, leur
monarchie disparaissant ? Pourquoi les élever tellement au-dessus
des autres serviteurs du public ? 10,000 fr. de traitement, cela
me semble raisonnable et les mettrait à l'aise. Soit en réduisant
les frais de bureaux, les secrétariats, désormais inutiles ; 5 millions à retrancher. — A côté des préfets siègent des tribunaux
administratifs bien peu occupés. En transportant leurs attribu-
tions aux tribunaux civils, on n'imposerait pas à ceux-ci un
lourd fardeau, et l'on rentrerait dans le droit commun. — Puis,
les affaires de la commune demeurant sous l'administration
exclusive des intéressés, qui en sont — il s'agit de leurs mairies,
de leurs chemins, de leurs halles et marchés, — tout aussi bien
instruits qu'un Monsieur de Paris ou d'ailleurs, quelle serait la
raison d'être des sous-préfets ? Ils n'auraient plus de fonctions
que celle d'agents électoraux. — Quatre millions à retrancher.

Voici au budget de l'intérieur, sous la rubrique : *subventions*,
une somme de plus de 5 millions mise à la disposition du ministre
qui dirige les élections, pour être distribuée aux départements et
établissements publics. Le suffrage universel, qui se gouverne lui-
même, ne sollicite pas de ces secours, comme le pays légal, dont
le sort est réglé dans les bureaux du ministère. S'il y a des cir-

constances exceptionnelles et graves, on viendra en aide à qui de droit par des crédits spéciaux et législatifs, non par le bon plaisir. — Cinq millions à retrancher. — Et de même 5 autres millions pour la police municipale de Lyon et de Paris. Il y a déjà 3 millions pour la police politique, je le conçois. Mais la police *municipale* de Paris doit être payée par Paris. On percera une rue de moins ; on endettera Paris de 5 millions de moins... ou de plus. Mais la capitale n'a pas besoin de se faire ainsi défrayer par le budget de l'État.

Du ministère de l'intérieur, quartier général de la centralisation, jetons un rapide coup d'œil sur les autres départements, avec la ferme intention d'être sévère pour tout ce qui est luxe inutile, pour tout ce qui est seulement destiné à donner à l'autorité un éclat, un appareil, une clientèle, dont l'autorité n'a plus besoin en face d'un peuple assez intelligent pour la juger d'après ses actes.

Le conseil d'État, débarrassé d'une partie de ses travaux, maintenant que tous les dossiers de la France n'aboutissent plus à lui, — le ministère d'État lui-même ne feront-ils pas une petite offrande ? Il y a là des 300,000 fr., et des 130,000 fr., et des 35,000 fr., et des 25,000 fr. et des traitements d'élégants auditeurs ou maîtres des requêtes, dont on dirait bien des choses, n'étaient certains sénatus-consultes et plébiscites qui me tiennent à distance.

Ministère de la justice. Songeons que nous n'avons pas à plaire à des familles estimables, mais à constituer des tribunaux très-forts, très-occupés. Sans entamer ici la question de l'organisation de la magistrature, combien remarquons-nous de tribunaux et de cours absolument sans ouvrage ? Voici des cours qui ne jugent pas cent affaires civiles contradictoires tous les ans, et qui coûtent 186,334 francs de traitements, sans compter les frais d'établissement, et les palais qu'il faut leur bâtir à grands coups de millions. Certaines chambres correctionnelles n'ont pas quatre heures d'audience par semaine. Est-il nécessaire d'y occuper jusqu'à dix ou douze magistrats ? La magistrature française est beaucoup trop nombreuse ; 60 membres de la cour suprême, 940 membres des cours souveraines, 2,528 membres de tribunaux civils, un millier de greffiers et de commis greffiers ! La France est riche en jurisconsultes éclairés, mais 3,528 ! La consé-

quence est d'introduire dans la magistrature la hiérarchie et
l'avancement! L'avancement et la hiérarchie dans la magistrature!
comme si tous les magistrats n'avaient pas même devoir et même
tâche. Tout cela n'est point démocratique. Une magistrature
d'élite, peu nombreuse et bien rémunérée, voilà ce qui convient
à la démocratie. L'économie n'est que le petit côté, mais il y a là
cependant plusieurs millions à reprendre.

On pourrait critiquer de bien grosses dépenses au ministère
des affaires étrangères. — Mais nous trouvons bon que la France
soit partout bien informée, bien représentée et bien servic. —
Je ne propose pas même de revenir au budget de 1852. Pour
3 millions, ce n'est pas la peine.

. C'est au ministère des finances qu'on trouverait peut-être le
plus de réformes à faire. Certains petits employés, ceux des
postes, par exemple, les facteurs ruraux surtout, sont miséra-
blement salariés. A côté, des fonctions lucratives et oisives, des
rouages inutiles. Je citerai les receveurs particuliers, dont la
suppression n'aurait pour résultat que de contrarier quelques
familles influentes et riches. Une transformation des impôts indirects et des octrois amènerait des réductions d'emplois. Ici il
faut parler à la fois et d'économies et d'une plus équitable ré-
partition des traitements, au profit de ceux qui travaillent beaucoup et reçoivent peu. Quand on fait le décompte des frais de
perception (232 millions), ne pourrait-on pas, dans une ÉNORME
PROPORTION, les simplifier, en confiant, *comme en Angleterre*,
ce service à la Banque et à ses succursales?

Lorsque le pouvoir central ne sera plus la Providence universelle, laisserons-nous au budget certains crédits que le peuple
ne doit guère comprendre? Deux millions pour les théâtres et les
auteurs dramatiques! De quels auteurs dramatiques s'agit-il? Quels
chef-d'œuvres, quelles cantates cela fait-il sortir de terre? Qu'est-
ce que l'État devenant la Providence de l'Académie de musique
et de danse? Mettons ces deux millions à l'instruction publique.
— Plus loin, que sont ces directeurs de haras? Que signifient ces
1,200,000 francs pour les courses? Le peuple n'a pas à subven-
tionner le Jockey-Club. — Prenez encore cela, monsieur Duruy.
— Je n'ai rien à dire d'autres subventions aux beaux-arts, à la
littérature, aux sciences, — quoique je ne croie point du tout à
l'efficacité des encouragements donnés par l'État aux vrais savants

et aux vrais artistes. Mais la démocratie ne doit pas se faire accuser de barbarie. Épargnons.

Jusqu'ici nous n'avons guère parlé que des traitements : l'*outillage* de la centralisation, son matériel immense, les frais énormes de son établissement se trouveraient réduits en même temps qu'elle; nous aurions là une petite mine de millions. Passons à un sujet plus grave.

Quand l'État est chargé de tout protéger, ne nous étonnons pas de le voir intervenir dans la direction des consciences. La religion est partie de son domaine; elle est matière administrative, objet et moyen de gouvernement. Un garde des sceaux contresigne la nomination d'un évêque; le conseil d'État censure les cardinaux et annonce aux fidèles que le pape a eu tort de rédiger une Encyclique. D'un autre côté, les prêtres reçoivent des traitements fixes et... de l'extraordinaire; à l'occasion, on leur demande un appui électoral, des *Te Deum*, des prières officielles; et on les invite à donner au peuple, en tout temps, un enseignement de morale autoritaire et d'abstention politique. Voilà le contrat synallagmatique. Il date du consulat, de la veille du premier Empire. Jusqu'ici tous les gouvernements ont essayé de profiter de cette invention du héros du 18 brumaire. La liberté moderne, la science politique, les notions de tolérance religieuse que nous avons tous, la repoussent aujourd'hui. La loi, l'État sont laïques. Ils ignorent ce qui se passe dans l'intimité de la conscience. Dire qu'il y a un culte « national », c'est mettre à l'index comme de mauvais patriotes ceux qui ne le pratiquent pas. Autant vaudrait demander au gouvernement d'être *catholique sincère*, c'est-à-dire de prendre parti non-seulement entre les sectes et les écoles philosophiques et religieuses, mais entre les fidèles d'une même secte. Faire payer à des voltairiens, à des catholiques non sincères, les moyens de propagande de leurs adversaires, — et j'ajoute de propagande privilégiée, — c'est les blesser cruellement. Que le clergé reprenne son indépendance; qu'il soit maître chez lui, dans ses temples, et libre et respecté sur la place publique; qu'il puisse recueillir l'offrande de ses coreligionnaires, selon la loi commune; nous le dispensons des entraves, des censures et des servitudes qu'on lui impose aujourd'hui. Mais n'ayant plus de trône à appuyer sur l'autel, nous n'appuierons pas l'autel sur le budget. Le budget n'est pas un

catholique sincère. L'argent du budget est l'argent « national »,
le serviteur de tout le monde. Il n'a pas de préférence pour tel ou
tel groupe, pour le prêche, la messe ou la conférence philosophique. En ce sens, M. Odilon Barrot avait raison de dire que
l'État est *athée*. L'État fait nos affaires en ce monde ; le souci du
reste appartient à l'individu et à la famille. Telle est l'opinion
d'un grand nombre de catholiques « très-sincères » pour qui le
catholicisme n'est pas seulement national, mais universel, et qui
n'étant point « philosophes » ont souci de la dignité de leur
clergé. Les Montalembert, les Lacordaire, les Tocqueville pensent
sur ce sujet de la même façon que les Laboulaye, les Simon, les
F. Morin ou les Vacherot.

Un mot des travaux publics. Il y a au budget du ministère de
la Maison, huit millions de travaux de luxe qui ne regardent
point l'État. Il y a dans les budgets spéciaux des chiffres énormes
pour des constructions somptueuses et peu utiles. On se souvient
de l'histoire de la préfecture de Vannes. Il n'y a pas de département où des abus semblables ne puissent être signalés. — En
second lieu, sans arrêter les travaux nécessaires, chemins,
routes et ponts : n'exagérons rien. J'aime mieux laisser quelque
chose à faire aux générations futures que de leur transmettre des
dettes. On augmente d'ailleurs la richesse du pays autrement que
par des terrassements, des expropriation et des démolitions. Est-
il indispensable d'arracher à l'industrie et à l'agriculture tant de
maçons et de manœuvres ? L'administration des ponts et chaus-
sées n'est pas toujours économe. Permettons à l'initiative privée
de se charger d'une partie de la besogne. Puis, ne chargeons
l'État que des travaux d'utilité absolument générale : ceux-là
seuls doivent être payés par l'impôt général. Que les industries
et les contrées les plus éloignées soient solidaires les unes des
autres, je ne le conteste point. Mais est-il juste de prendre au
paysan de la Lorraine ou de la Bretagne sur son sucre ou sa bois-
son, pour donner 23 millions à l'Opéra et 69 millions aux boulevards de Paris ? Quand ceux qui voteront les travaux seront ceux
qui les paieront, ils décideront en connaissance de cause.

J'aurais beaucoup à dire encore. L'appareil actuel est bien
compliqué. Il faudrait un livre pour en dénoncer tout le superflu.
J'ai voulu d'ailleurs conserver à cet écrit sa modération. Or
l'abus a ce caractère particulier, quand il s'élève à une certaine

hauteur, qu'on ne peut plus le signaler sans paraître injurieux et personnellement agressif. Il ne faut point le voir jusqu'au jour de la suppression.

Mais voici, tout compte fait, si l'on veut bien admettre le principe même de la réforme de nos pratiques politiques, 400 millions d'économie.

J'hésite à dire un dernier mot. Mais je veux être complet.

Il ne s'agit pas des dotations. Elles sont entourées de sénatus-consultes qui protégent peut-être les 48 millions aussi bien que les institutions elles-mêmes. Je ne suis pas assez riche pour propose des économies qui d'abord me coûteraient 10,000 francs d'amende. Mais nous avons une dette viagère qui sera, l'année prochaine, de 90 millions. De plus la Légion d'honneur coûte 18 millions.

Respectons toujours les droits acquis. La rétroactivité, même lorsqu'elle n'est pas injuste, est odieuse. Elle a des airs de confiscation. Imitons le respect que les hommes de 1848 ont eu pour les pensions du régime tombé.

Des pensions militaires et de la Légion d'honneur, je ne dis rien : si ce n'est que la constitution d'une armée permanente moins nombreuse amènera une réduction considérable du chiffre de ces retraites.

Mais je ne comprends point le service des pensions civiles à la charge de l'État. Comment ! voilà des fonctionnaires que vous considérez comme infaillibles pendant qu'ils administrent le public, et vous semblez les regarder comme incapables d'avoir de l'ordre et de l'économie pour eux-mêmes, de régler leurs propres affaires ! Que les fonctionnaires se fassent à eux-mêmes, s'ils le croient utile, une retenue sur leurs traitements, et qu'ils confient à l'État l'administration d'une caisse d'assurance mutuelle, qui un jour leur servira une rente viagère, fort bien! Mais qu'on leur impose cette tontine! Que l'État mette lui-même à la cagnotte tous les mois, pour un premier président ou un préfet millionnaire, cela suppose une idée singulièrement fixe de l'incapacité et de l'imprévoyance des Français! Je sais bien qu'on a peur que l'État, un beau jour, ne mange la caisse et ne remplace les pensions par un service budgétaire. Mais une démocratie libre ne fait pas de ces choses. — Au fond, il y a là, *pour l'avenir*, en chargeant l'Amortissement de servir les pensions acquises et de tenir compte des retenues déjà faites aux fonctionnaires aujourd'hui en activité, le principe d'une économie qui se chiffre par la différence des retenues (14 millions) et des retraites (33 millions).

VIII

Voilà quelle sera la dot de la démocratie libre.

La disparition des déficits, le rétablissement de l'amortissement, la suppression de la dette, la création d'un véritable enseignement primaire digne du peuple, la diminution des impôts qui restreignent la production et la consommation ; l'enrichissement de la nation par le travail intelligent et délivré ; l'ordre à l'intérieur, ayant pour principe la confiance des citoyens en eux-mêmes et non les expédients autoritaires ; la sécurité vis-à-vis de l'extérieur, ayant pour principe la souveraineté d'une opinion publique bien connue et invariable dans ses intentions.

Tel est, tel sera le gouvernement de la démocratie, à la condition que la démocratie soit éclairée par la discussion et se sente à la fois maîtresse de ses destinées et responsable des événements.

Paris, 31 janvier 1868.

PARIS. — IMP. L. POUPART-DAVYL, RUE DU BAC, 30.